AF242816

L'ÉGYPTE

EST-ELLE SOLVABLE?

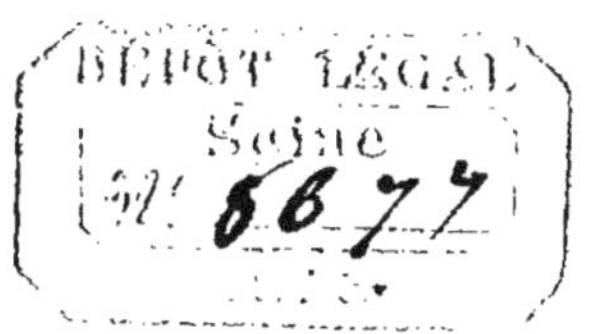

PARIS

CASIMIR PONT, LIBRAIRE-ÉDITEUR

97, rue de Richelieu, 97

ET PASSAGE DES PRINCES

—

1875

L'ÉGYPTE

EST-ELLE SOLVABLE?

Le crédit turc vient de sombrer dans la banqueroute; le crédit de l'Égypte en a été fortement ébranlé. En cinq jours, du lundi 18 octobre au samedi 23, les fonds égyptiens ont subi les dépréciations suivantes :

L'Emprunt 1862 est tombé de 65 à 55; l'Emprunt 1864, de 80 à 73; l'Emprunt 1868, de 64 à 59; l'Emprunt 7 0/0 du Khédive, de 63 à 56; enfin l'Emprunt 9 0/0 1867, de 95 à 85.

Personne, sur les places de Paris ou de Londres, à l'exception de ceux qui ont intérêt à affecter des illusions en de telles affaires, n'a pu être surpris d'un semblable contre-coup. Lorsque, suivant l'énergique expression anglaise, l'état suzerain répudie ses engagements, il est naturel que l'on se demande comment l'état feudataire voudra et pourra remplir les siens. Entre la Porte et le Gouvernement d'Alexandrie, il n'y a pas seulement un lien, si léger qu'il soit, de vassalité; il y a une unité de foi religieuse et de conscience, une rigoureuse solidarité morale, et, pour aller plus près des choses qui nous touchent, une déplorable conformité de procédés financiers et administratifs.

Des deux parts, on emprunte sans trève, sous toutes les

formes qui rendent le crédit accessible, dette de l'État, dette permanente, amortissable, rachetable, dette personnelle du prince, bons du Trésor, et à des taux qui s'aggravent à chaque opération. De telle sorte que si la Turquie est devenue, en moins de vingt ans, débitrice de cinq milliards envers l'Europe, l'Égypte, à son tour, qui s'est présentée dix ans plus tard sur nos marchés, ne nous doit pas aujourd'hui moins de deux milliards !

Cette situation réclame donc un examen attentif. Une timidité peu conforme aux intérêts du pays voudrait écarter l'épargne française de tous les placements fructueux ; d'autre part, c'est un crime de lèse-patrie, dans notre situation présente, de laisser se dissiper au profit, non pas même de l'étranger, mais d'une spéculation véreuse et insatiable, les fruits précieux du travail national et de notre honnêteté. Il n'est pas juste que la France travaille pour la plus grande commodité de quelques nations paresseuses et l'enrichissement de quelques faiseurs. Dans chaque circonstance, une étude impartiale et élevée peut seule dégager la vérité au milieu des contradictions qui l'obscurcissent, rectifier les premières impressions si elles sont fausses, les confirmer si elles sont justes, et, dans les ressemblances qui nous inquiètent, nous permettre de faire la part sévère de la réalité.

Nous savons bien que les conditions économiques des peuples diffèrent entre elles, que l'histoire est indulgente pour les entreprises excessives ou téméraires, qu'il y a une irrésistible séduction à poursuivre, au-delà de ses propres forces et avec l'argent de l'étranger, la grandeur de son pays ; mais les affaires humaines ne se soldent pas en faisant revivre des légendes. Quand on s'adresse à notre bourse une question domine toutes les autres. C'est une simple question de comptabilité et c'est précisément celle-là que nous posons en présence de la baisse subite des fonds égyptiens :

L'Égypte est-elle solvable ?

****

Dès qu'il s'agit de l'Orient, d'Alexandrie ou de Constantinople, il y a une cause d'illusion qui est proche de nous et contre laquelle nous devons nous garder. Quelle n'est pas, dit-on, la richesse de pays où naissent et se forment si vite de si grandes fortunes? Il semble que tout se change en or dans ces contrées heureuses. Les salaires domestiques y deviennent des traitements de fonctionnaires supérieurs. Les prix atteints par les objets de notre industrie familière paraissent fabuleux. Une glace taillée en biseau peut donner la faveur du prince. Un piano vaut un palais. Ce que l'on rapporte, à cet égard, de la munificence du khédive dépasserait toute créance si nous n'avions sous les yeux le faste dans lequel vivent ceux qui ont été l'objet de ses bienfaits.

Ces goûts somptueux de prodigalité, dans un prince, prennent des noms royaux qui les relèvent et les ennoblissent. S'ils ne conservent pas tout leur éclat, c'est que le temps où nous sommes est avant tout ménager des ressources populaires, et qu'il place au-dessus de toutes ces largesses le spectacle d'un peuple laborieux et libre dans un Etat non endetté.

En outre, on n'a pas suffisamment observé que les hommes dont nous parlons, pleins d'initiative et de hardiesse, traversent l'Orient et ne s'y fixent pas. Ils le conquièrent dans la mesure de leurs appétits ou de leurs besoins, mais ils ne s'y laissent pas retenir. Nous les revoyons bientôt, à Paris ou à Londres, à Hyde-Park ou au bois de Boulogne, au Stock-Exchange ou à la Bourse, au théâtre, dans les coulisses de tous les mondes, partout où s'écoule et se répand la vie fiévreuse de notre époque, déployant le luxe particulier qui les caractérise et constituant, au milieu de nous, cette vaste exploitation qui s'appelle la Finance Internationale.

Parmi ceux qui, jusqu'à ce jour, n'ont pas donné ou suivi cet exemple, on distingue, au premier rang, l'honorable M. Oppenheim. Aussi est-il hors de pair dans ces pays d'Orient dont il est le Rothschild. Nul n'a apporté, dans les relations de l'Europe avec les États musulmans, des vues plus hautes et plus larges. Son nom se trouve mêlé à toutes les grandes œuvres que la civilisation y a tentées ou accomplies. Il animait toutes choses de sa vaste intelligence; son honorabilité et sa probité qui sont proverbiales à Alexandrie, au Caire et à Constantinople servaient de caution morale au gouvernement du Khédive. Il est de notoriété maintenant que M. Oppenheim se retire à son tour de l'Égypte. Son agent particulier (1) a annoncé récemment, dans des circulaires à ses correspondants, qu'il procède à la liquidation des intérêts que le puissant financier peut avoir dans des affaires égyptiennes.

Cette retraite, après tant d'autres — et la plus importante de toutes — ne saurait manquer de frapper les esprits. En essayant d'en rechercher la signification, nous ne nous éloignerions peut-être pas du but de ce travail; mais il nous semble préférable de laisser de côté ces considérations personnelles pour en revenir à la dette égyptienne et l'examiner isolément, dans ses origines et dans ses garanties.

La composition de la dette égyptienne n'a pas varié depuis un an. Les bons à échéance, pendant les six derniers mois de l'année courante, ont été renouvelés; et, il y a très peu de jours, les journaux annonçaient que le Crédit agricole venait d'en prendre pour 60 millions, payables dans l'année 1876.

Cette dette est formée de deux éléments distincts : La dette de l'État, ou du Mailhé, qui est le trésor du gouvernement égyptien, et la dette du Khédive, ou de la Daïra, qui est le trésor personnel du prince. Cette division a été créée et elle existe depuis 1863.

____

(1) *M. Beyerlé.*

Au 1er janvier 1875, LA DETTE DU GOUVERNEMENT comprenait, et elle comprend encore :

1° Un capital de 1,197,363,500 francs, exigeant pour le service annuel de l'intérêt 83,354,900 francs, et pour l'amortissement 26,734,500 francs ; soit ensemble par an...................... 110,089,400 fr.

2° Des rentes perpétuelles établies par décret du 8 avril 1874 au chiffre de...... 11,550,000 représentant l'intérêt à 9 0/0 d'un capital de 125 millions.

3° La dette flottante formant, au 1er septembre 1874, en capital 254,750,000 et en intérêts.............................. 30,570,000

Dans cette partie de la dette figurent :

a. — 36,406,250 francs en bons Aziziés ou de la Compagnie de navigation ;

b. — 72,343,750 francs en bons à échéance du 10 septembre 1875 au 20 janvier 1876, représentant les dix derniers termes d'une opération précédemment conclue par l'*Anglo-Egyptian Banking C°*, et renouvelés depuis ;

c. — 145,000,000 francs pour la dernière avance de l'*Anglo-Egyptien*.

4° Le tribut annuel à la Porte........ 17,045,450

A la même date LA DETTE PERSONNELLE du khédive présentait les chiffres suivants :

1° Emprunts de 1864, dit d'Halim-Pacha, 1866, 1867 et 1870, au capital nominal de 239,578,500 francs, et exigeant pour le service annuel de l'intérêt, 17,219,725 francs, et pour celui de l'amortissement, 16,043,500 fr. ; soit ensemble...................... 33,263,225 fr.

2° Dette flottante de la Daïra : en capital, 62,500,000 fr. Bons du 1er avril

au 1ᵉʳ août 1875, 63,500,000 fr. ; bons
de septembre à décembre 1875 ; soit
126,000,000 fr., dont [le renouvellement
et le service calculés à 12 0/0, exigent
par an............................   15,120,000

Ajoutons [tout de suite que cette dernière évaluation est au-dessous de la vérité, puisque le renouvellement que vient d'opérer le Crédit agricole n'a pas été consenti à un taux inférieur à 14 0/0.

Ainsi, le Gouvernement égyptien doit, en capital : 1,577,112,500 francs, avec un service annuel d'intérêt et d'amortissement de 168,954,850 francs.

Le Khédive, de son côté, sur ses biens personnels, qui ne s'élèvent pas à plus de 5 à 600 millions, doit en capital : 365,578,500 francs exigeant un service annuel de 48,383,000 francs.

Et en résumé, l'Égypte, considérée dans la haute unité de l'État et du Prince, a une dette totale de 1,942,691,000 francs, soit, en chiffres ronds, deux milliards de francs qui absorbent par année 217,337,850 francs du revenu public.

Ces matières étant peu connues, nous croyons être agréable à nos lecteurs en reproduisant un état des finances égyptiennes, tel qu'il a été dressé par M. le comte de Noidans Calf, agent et consul général de Belgique à Alexandrie, dans son remarquable rapport en date du 9 juin 1875.

Voici ce tableau que nous nous sommes borné à traduire en francs, au change de 25 francs par livre sterling :

SITUATION DES FINANCES ÉGYPTIENNES au Ier janvier 1875

DETTE DU GOUVERNEMENT

DÉSIGNATION des EMPRUNTS	MONTANT de L'ÉMISSION	MONTANT DU PRINCIPAL au 1er janvier 75 en francs	SITUATION aux époques de paiement des coupons et des titres amortis — DATES	SITUATION — SOMMES	INTÉRÊTS — TAUX	INTÉRÊTS — MONTANT	AMORTISSEMENT	TOTAL DES INTÉRÊTS et de L'AMORTISSEMENT à servir pendant l'année 75	Observations — Remboursem.
	Fr.	Fr.		Fr.		Fr.	Fr.	Fr.	
Emprunt égyptien, 1re émission....	54,875,000	44,000.000	1er mars 75	44,000,000	7 0/0	1,540,000 »	675,000 »	2,215,000 »	1862-1892
			1er sept.	42,325,000	»	1,516,375 »	675,000 »	2,191,375 »	
Emprunt égyptien, 2e émission.....	27,440,000	22,000,000	1er mars 75	22,000,000	7 0/0	770,000 »	337,500 »	1,107,500 »	1862-1892
			1er sept.	21,650,000	»	758,175 »	337,500 »	1,095,675 »	
Emprunt égyptien 1864...........	142,605,000	64,485,000	1er avril.	64,485,000	7 0/0	2,256,975 »	5,497,500 »	7,754,475 »	1865-1879
			1er octob.	58,987,500	»	2,064,575 »	5,687,500 »	7,752,075 »	
Emprunt égyptien 1868...........	287,250,000	275,162,500	15 janvier.	275,162,500	7 0/0	9,628,685 »	2,287,500 »	11,916,185 »	1869-1898
			15 juillet.	272,875,000	»	8,550,625 »	2,362,500 »	10,913,125 »	
Emprunt égyptien 1873...........	800,000,000	791,716,000	15 avril.	791,716,000	7 0/0	27,710,060 »	4,361,000 »	32,071,060 »	1874-1903
			15 octob.	787,355,000	»	27,557,425 »	4,513,500 »	32,070,925 »	
		1,197,363,500				82,352,895 »	26,734,500 »	109,087,395 »	

DETTE DE LA DAIRA VICE-ROYALE

DÉSIGNATION des EMPRUNTS	MONTANT de L'ÉMISSION	MONTANT DU PRINCIPAL au 1er janvier 75 en francs	SITUATION — DATES	SITUATION — SOMMES	INTÉRÊTS — TAUX	INTÉRÊTS — MONTANT	AMORTISSEMENT	TOTAL	Observations — Remboursem.
Emprunt Daïra 1866..........	84,662.500	47,435,500	8 janv. 75.	47,435,500	7 0/0	1,660,225 »	2,944,000 »	4,604,225 »	1866-1881
			7 juillet.	44,491,500	»	1,377,200 »	3,047,000 »	4,424,200 »	
Emprunt Halim-Pacha 1864........	7,750,000	3,000,000	1er avril.	3,000,000	8 0/0	120,000 »	665,000 »	785,000 »	1864-1878
			1er octob.	2,335,000	»	92,000 »	—	92,000 »	
Emprunt Mousta-pha-Pacha 1867.	52,000,000	32,470,000	22 mai.	22,470,000	9 0/0	1,461,150 »	—	1,461,150 »	1867-1881
			22 nov.	22,470,000	»	1,461,150 »	3,530,000 »	4,991,150 »	
Emprunt du Khédive 1873.......	178,571,000	155,673,000	1er avril.	156,673,000	7 0/0	4,483,550 »	2,878,500 »	7,362,050 »	1870-1890
			1er octob.	153,789,500	»	5,382,800 »	2,997,000 »	8,379,800 »	
				16,038,075 »		16,064,500 »		32,099,575 »	

****

Cette dette, dans ses origines, remonte à peine à onze ans, car le premier emprunt public de l'Égypte date de 1864, et déjà elle atteint et dépasse proportionnellement le niveau des charges analogues chez les peuples dont les finances sont le plus engagées. Sur une population d'à peu près huit millions d'habitants, qui est celle de l'Égypte, elle représente 300 francs par tête ; et quand on songe que ce sont là des têtes de fellahs, c'est-à-dire de pauvres gens, serfs de la terre, vivant de petits pains et de marc de sésame, on se demande comment ce pays a pu trouver un crédit aussi large que celui de l'Angleterre ou de la France.

On ne peut expliquer le développement si rapide de ces emprunts qu'en se reportant aux circonstances exceptionnelles dans lesquelles ils ont été contractés, et surtout en tenant compte de deux faits principaux : d'un côté, le génie particulier du prince qui gouverne l'Égypte ; de l'autre, la nature du concours que sa politique a trouvé dans un établissement spécial qui semble avoir été fait pour ses desseins et ajusté à ses ambitions, la Banque Franco-Égyptienne.

****

La Russie a le testament de Pierre-le-Grand ; l'Égypte garde la tradition de Mehemet-Ali. Depuis trente-cinq ans, aucun prince n'a administré ce pays qui ait suivi avec plus de persévérance et de bonheur qu'Ismaïl-Pacha la trace illustre du véritable fondateur de la dynastie égyptienne. Ce prince s'est proposé un double but : — Affranchir l'Égypte de la suzeraineté de la Porte, et son gouvernement du contrôle que l'Europe chrétienne exerce sur la police intérieure de l'État en vertu du droit séculaire des capitulations. Par une fortune inespérée, à force d'habileté, de patience et de légitime hardiesse, on peut dire que ce double but est atteint ou qu'il est bien près de l'être. L'Europe est aujourd'hui unanime à effacer l'espèce de note d'infamie que fesait peser sur tous les États musulmans la juridiction consulaire organisée par les capitulations. Leur radiation du droit international n'est plus qu'une affaire de formalités diplomatiques. Quant aux rapports de l'Égypte avec la Porte, ils tendent chaque jour vers un affranchissement définitif. Dès 1866, le vice-roi a obtenu la substitution du droit successoral en ligne directe à l'ancien système de succession réglé par les traités de 1841, d'après la loi turque. Et ce changement dans l'ordre de l'hérédité monarchique n'est pas une des moindres réformes par lesquelles le vassal se soit détaché de son suzerain. En 1867, il a reçu le titre de khédive, titre qui n'a pas pas de similaire dans l'ancienne hiérarchie féodale de l'Europe, mais qui le place hors de pair, au-dessus de tous les lieutenants du sultan. Enfin, en 1873, la Porte lui a accordé, pour l'extérieur, le droit de conclure des traités de commerce avec l'étranger, à l'intérieur, une pleine autonomie administrative.

Telles sont les conquêtes d'Ismaïl-Pacha, victoires de gouvernement et d'opinion, deux fois glorieuses parce qu'elles sont pacifiques. Pour les remporter, le vieux Mehemet-Ali aurait donné son armée et il les aurait scellées de son sang. Ismaïl-Pacha n'a jamais eu besoin de faire usage de la force ; il n'est jamais devenu une cause d'embarras pour l'Europe. En retour, il est vrai qu'il a prodigué des trésors. Les splendeurs de ses voyages à Constantinople rappellent les légendes des sultans des *Mille et une Nuits.* Partout il a donné, dépensé avec un faste oriental. Et nous ne parlons pas seulement de sa munificence envers ceux qui l'approchent. Mais il a acquitté 75 millions de dettes laissées par son prédécesseur, Saïd-Pacha ; il a engagé 400 millions dans l'œuvre du percement de l'Isthme de Suez, 250 millions dans les travaux de chemins de fer, 65 millions dans l'amélioration du service postal et commercial du pays. De 1863 à 1868, il a fait construire 1,360 kilomètres de voies ferrées, 200 ponts, 40 canaux,

25 aqueducs, conduits voûtés, siphons, 4 quais en pierre, 5 écluses, etc. Ajoutons un dernier trait qui le peint bien : la peste bovine désolant l'Égypte depuis 1864, il a consacré 125 millions à venir en aide aux agriculteurs visités par le fléau.

Il a tenu largement ouvertes ses mains d'où l'or s'échappait en abondance, comme s'il en avait possédé une source inépuisable, donnant sans compter, avec l'insouciance d'un nabab, la froideur de sens d'un homme d'État, qui sait combien de choses sont à l'encan dans ce monde et la généreuse ardeur d'un prince dont la tête et le cœur sont ouverts à toutes les grandes conceptions. Il est, dans notre temps, et depuis vingt siècles, le premier qui ait porté en Égypte le titre de roi. Dans ces pays morts au travail, et dont tant de constructions gigantesques semblent avoir épuisé la force, il est devenu un agriculteur et un industriel sans rival parmi nous.

Avant de faire le compte de ce qu'a coûté à l'Egypte, et de ce que nous coûtera peut-être, cette politique à puissante envergure, il était juste de rendre cet hommage à un prince dont le nom restera dans l'histoire comme celui du Louis XIV de l'Orient.

Ismaïl-Pacha a été secondé dans son œuvre, ainsi que nous l'avons dit, par la Banque franco-égyptienne.

Cette Banque est née du mouvement général qui a fait éclore chez nous tant de sociétés internationales de crédit. Après la sévère expérience qui a atteint les fondateurs ou les directeurs de la Caisse des Chemins de fer, des Ports de Brest, du Crédit mobilier et de tant d'autres entreprises, nos financiers ont compris qu'il pourrait être bon d'abriter leurs responsabilités de tout ordre, civiles ou pénales, derrière ce que l'on nomme le droit du prince. Alors nous avons vu surgir coup sur coup, en quelques années ou plutôt en quelques mois, dix établissements de crédit empruntant à l'étranger la moitié de leur titre et prétendant au rôle de banques d'Etat. La Banque franco-égyptienne est contemporaine de toutes ces créations; elle date du 5 avril 1870. Auprès d'elle, nous voyons naître la Société franco-japonaise, le 7 janvier de cette même année 1870; puis, dès que l'effroyable tourmente est passée, la Banque franco-autrichienne-hongroise, le 30 octobre 1871; la Banque de Paris et des Pays-Bas, le 27 janvier 1872; la Banque franco-hollandaise, le 3 février; la Banque française et italienne, le 14 février; la Banque de l'Union franco-belge, le 21 avril; enfin, dans les derniers mois de cette année 1872, si étrangement féconde, la Banque brésilienne-française, le 16 novembre suivant. Nous leur avons dû tour à tour, à elles ou à leurs émules, les emprunts de Costa-Rica, de Saint-Domingue, du Paraguay, du Honduras et d'Haïti, toutes contrées qui ne pouvaient certes pas soupçonner le prestige exercé par leurs noms sur l'épargne bénévole de la France et de l'Angleterre.

Le but de la Banque franco-égyptienne était, comme son titre l'indique, de présider aux relations financières et commerciales de la France avec l'Egypte. Depuis, elle s'est mêlée à beaucoup d'autres choses, prêtant de l'argent à l'Espagne, à la Turquie, intervenant dans des combinaisons américaines ou anglaises, mais elle a toujours considéré ses rapports avec Alexandrie, où elle a ouvert une agence, comme son principal objet et la source la plus assurée de ses profits. C'est pour elle, et probablement sous son inspiration, qu'un journal autorisé de Paris, la *Semaine financière*, écrivait un jour cette phrase dont il serait difficile à un esprit naïf de sonder toute la profondeur :

« Le gouvernement du khédive est un de ces clients dont les besoins et les exigences sont une bonne fortune pour les capitaux flottants. »

***

Cette formule bizarre, et qui aspire l'usure, n'était pas un paradoxe ; c'était, en quelques mots, le résumé d'un système. La Banque l'a largement appliqué. Au lieu d'avertir le Khédive, au nom de la plus élémentaire clairvoyance, et de le retenir, quelques hommes blasés sur les effets de l'imprévoyance humaine, à tel point que l'opinion désigne l'un d'eux sous le nom *du philosophe*, ont considéré comme une bonne fortune, ainsi que le disait le journal, les besoins et les exigences du Prince. Depuis cinq ans, on en a abondamment usé. Tous les comptes-rendus de la Banque en font foi. Dans l'Assemblée du 20 février 1873, le rapport rendant compte des opérations du précédent exercice, dit :

Parmi les affaires réalisées en 1872, nous plaçons en première ligne d'importantes négociations avec le Trésor égyptien et la Daïra de Son Altesse le Khédive. Elles ont consisté principalement *dans une avance considérable*, MAIS À COURT TERME, faite au Trésor égyptien.

A l'Assemblée du 7 mars 1874, on annonce aux actionnaires que « la plus importante des négociations de l'année consiste dans la part que la Banque a prise à la conclusion et à l'émission de l'Emprunt égyptien de 800 millions de francs ».

Mais, si l'on veut exactement saisir le sens et le mécanisme de ces opérations, c'est le rapport présenté à l'Assemblée du 22 avril 1875 et relatif à l'exercice 1874, qu'il faut lire et méditer :

La plus importante des opérations dont nous ayons eu à nous occuper, y est-il dit, a été l'achat et le placement, par le syndicat de l'Emprunt égyptien 1873, de la seconde moitié de cet emprunt, sur laquelle, comme vous le savez, existait un droit d'option. Notre intérêt dans cette option s'élevait, à l'origine, à environ 9,700,000 francs effectifs ; il était encore, au 31 décembre 1874, de 4,800,000 francs environ, qui figurent au Bilan ous la rubrique collective : « Participations financières. » *La réalisation de cette opération a été heureusement conduite;* elle touchait à sa fin à la clôture de l'exercice ; elle est actuellement tout à fait liquidée. *Nous n'avons eu qu'à nous féliciter des résultats de cette grande opération* dont le dernier exercice **A LARGEMENT PROFITÉ**.

Quel art dans les mots ! Quels euphémismes ! Quelle façon délicate et voilée de relever le mérite d'une affaire si heureusement conduite et qui a laissé de si larges profits ! Et voilà comment on est amené à doubler son fonds social au bout d'un an, comment on réalise des bénéfices annuels de 5 à 6 millions, représentant pour les actionnaires des dividendes de 25 0/0 du capital versé ! Voilà également pourquoi les fonds égyptiens subissent des variations qui les font passer, — pour ne prendre qu'un seul type d'emprunt, le 7 0/0 1868, — en 1870, de 85 1/2 à 68 1/2 ; en 1871, de 88 1/4 à 74 1/4 ; en 1872, de 96 à 84 1/4 ; en 1873, de 96 1/2 à 79 3/8 ; et, en 1874, de 85 1/4 à 72, sans que rien dans la situation générale des marchés européens justifie ni ces élévations, ni ces chutes alternatives.

Il en est, d'ailleurs, ainsi de tous les fonds d'Etat que manipule une spéculation puissante. Il faut bien, comme un brocanteur d'aventure, écouler le stock dont on s'est chargé. Quand le marché s'affaisse, il faut le relever ; quand il se maintient, il faut savoir profiter des hauts cours. La situation réelle d'un État, ses titres au crédit, ses conditions économiques et financières n'ont rien à voir dans ce jeu de bascule qui fonctionne sous son nom, mais qui n'a en définitive qu'un seul but : imposer un cours abaissé à la détresse du gouvernement qui emprunte, en imposer un autre, élevé, à la crédulité publique, et encaisser l'écart. Ce trafic est plein de surprises. Il est souvent ruineux pour les imprudents qui s'y livrent ; il l'est toujours pour l'État qui le subit et pour les capitalistes qui consentent à en devenir les dupes. Ne nous en plaignons pas, car ces ruines sont la moralité de la finance. Et, en effet, les choses vont ainsi jusqu'au jour où le gouvernement obéré, épuisé et lassé par l'usure, jette son honneur aux orties, déclarant qu'il ne peut plus payer. Alors on délibère; les porteurs s'assemblent, ils sollicitent l'intervention de leur gouvernement; mais on leur répond comme l'*Economist* anglais vient de le faire aux obligataires du Turc :

Ce n'est pas l'affaire du gouvernement anglais de recouvrer l'argent que des Anglais ont pu follement prêter à des nations étrangères.

Et puisque nous avons été amené à parler des fonds ottomans, qu'on nous permette une simple réflexion.

La dette turque n'était pas proportionnellement plus considérable que la dette égyptienne. Le gouvernement d'Alexandrie n'emprunte pas à un taux plus favorable que la Sublime-Porte. Si la Turquie a succombé sous la charge, comment l'Égypte pourra-t-elle résister?

Le Sultan, d'ailleurs, le successeur du Prophète et le chef des croyants, celui de qui la puissance religieuse domine et éclaire tout le monde de l'Orient, et dans la main de qui le Khédive ne pèse pas plus que le dernier des Fellahs, souffrira-t-il que son vassal se montre fidèle à ses engagements envers nous, les chrétiens, quand lui, le suzerain, fait banqueroute? L'Égypte, corps et âmes, ne lui appartient-elle plus?

En dehors de ces considérations et de ces motifs, et quand on interroge le budget égyptien, il est difficile d'y découvrir la raison de la confiance qu'on voudrait nous inspirer.

Nous ne reproduisons pas ici ce document. Nos lecteurs, désireux de le connaître, le trouveront soit dans la dernière *Statistique* officielle *de l'Egypte,* publiée par les soins du Gouvernement d'Alexandrie, soit dans le volume de l'*Almanach de Gotha* pour 1875. Le budget que nous avons sous les yeux se rapporte à l'année copte 1590, correspondant à l'année 1873 de notre ère, du 10 septembre au 10 septembre suivant. En voici les traits principaux :

Le budget égyptien se solde en recettes par 248,727,850 francs, et en dépenses par 220,710,175 francs, faisant apparaître, au profit du Trésor égyptien, un excédant disponible de 28,017,675 francs.

Sur ces chiffres, le service de la dette et de la dotation enlève 168 millions, sans même y comprendre la dette personnelle du prince ; de telle sorte qu'il reste, pour toute l'administration intérieure du pays, une somme dérisoire de 60 millions de francs.

C'est, d'ailleurs, une habitude des financiers d'Alexandrie que leurs budgets se présentent toujours en excédant. Ils savent combien il est difficile, dans l'ignorance où ils laissent l'Europe, de vérifier leurs évaluations et de les rectifier, et ils comptent sur l'effet de ces publications officielles pour retenir ou capter la confiance des capitaux. Le budget précédent était plus merveilleux encore ; il fesait ressortir un excédant probable de recettes de 37,500,000 francs ; et cependant, à la même heure, l'Egypte négociait, sur les places de Paris et de Londres, ce fameux emprunt 1873, au capital nominal de 800,000,000 francs, dont les obligations émises net à 403 75, remboursables à 500 francs, et rapportant 35 francs d'intérêt annuel, se capitalisaient à 9 0/0, sans même tenir compte de la prime de remboursement. C'est-à-dire que l'Egypte, florissante par une fiction de comptabilité, empruntait à un taux que n'accepterait, dans la plus extrême détresse, aucun de nos États bien ordonnés.

Quant à l'assertion que les pays d'Orient, placés dans des conditions économiques si différentes des nôtres, peuvent aisément supporter un service d'intérêt qui nous semble ruineux, nous espérons qu'après l'exemple ou plutôt le scandale turc, on n'en parlera plus.

Voilà donc un budget dont les trois quarts sont absorbés par la Dette et dont un quart seulement va aux services publics. Pour suffire à ces pauvres dépenses, les Fellahs sont pressurés de toutes les façons, astreints à la corvée, roués de coups, à tel point qu'un voyageur qui a visité l'Égypte, dit que le bâton, le courbache, est dans ce pays le plus productif hôtel des monnaies. Malgré ces procédés rigoureux de perception, le malheureux ne paie pas et le Gouvernement est contraint d'avoir recours à des expédients de finances qui sont bien caractérisés, par exemple, par le Mokabala, rachat partiel de la taxe foncière, payé par les propriétaires, et garanti sur leurs immeubles, pour la libération anticipée de la moitié de l'impôt foncier.

Un témoin oculaire que l'on n'accusera pas de mauvais vouloir à l'égard de l'Égypte, M. le comte de Noidans-Calf, de qui nous avons déjà cité le nom dans ce travail, décrit ainsi l'opération :

Les recettes du Mokabala, dit-il, sont de 40 millions. Les six années payées d'avance représentent une valeur de 695,625,000 francs, dont 211,000,000 seulement ont été payés et le solde a été converti en l'échéance annuelle de 40 millions. — En considération de ce paiement anticipatif d'impôt, le Gouvernement a consenti, en 1872, à une réduction annuelle sur les contributions foncières de 3,384,025 francs pendant douze années, dont le résultat est qu'à l'expiration de ces douze années les contributions foncières à lever sur le pays diminueront de plus de moitié sur ce qu'elles étaient avant l'opération dite du Mokabala.

Or, dans le budget de 1873, l'impôt foncier est inscrit pour 128,834,550 francs. La moitié de cette somme correspond juste à ce qui reste libre actuellement pour l'administration publique, soit 60 millions. On voit à quel état de dénûment ces expédients réduisent le budget égyptien. Ajoutez que l'on ne peut compter sur aucune augmentation du rendement des taxes. « On fait valoir, écrivait M. Stanley, consul d'Angleterre à Alexandrie en 1868, que les ressources du pays s'accroissent et on rappelle à l'appui que le revenu pour l'année 1854 n'était évalué qu'à 82,041,000 francs. Mais cet accroissement n'est obtenu, pour la plus grande part, qu'à l'aide d'élévations de taxes. » Que deviendra donc l'Égypte si, loin de persévérer dans le système de la surélévation continue des taxes, elle se met, suivant le mot populaire, à faucher son blé en herbe, si elle escompte l'avenir et aliène, pour procurer au trésor quelque obole, le plus clair de ses revenus futurs?

*
* *

Singulière administration, à la vérité, que celle de l'Égypte, et dans l'organisation de laquelle il faut pénétrer quand on veut savoir ce que peut renfermer de déception ce ce mot magique d' « emprunts d'État, » et ce qu'il recouvre parfois de misère publique et d'impuisssance gouvernementale. L'Égypte est, pour les Anglais, un comptoir productif; le Khédive s'y est taillé des terres et y a installé des usines qui lui assureraient partout la situation d'un grand seigneur; entre ses mains, l'Égypte est un domaine splendide; pour nous tous, c'est le pays des grands souvenirs et des monuments mystérieux; c'est, en un mot, tout ce que l'on voudra, excepté un État, dans le sens scientifique et moderne de cette appellation.

Le 6 juin 1868, au milieu des grands travaux auxquels donnait lieu le percement de l'Isthme de Suez, et où pouvaient se déployer la vigilance du gouvernement égyptien et le ressort de son administration, le consul d'Angleterre au Caire, M. West, écrivait à son gouvernement :

L'Etat de la ville de Suez est hautement peu satisfaisant. Les réglements de police sont tout-à-fait inefficaces. La ville n'est pas seulement très sale et très négligée, mais les attaques meurtrières et les actes de banditisme y sont fréquemment commis, sans que les coupables aient à en rendre compte. La police indigène est tout à fait incapable de maintenir l'ordre parmi les Européens.

Et voici le trait le plus saillant de ce curieux tableau, car il s'applique à l'administration égyptienne en général :

Cette police, continue le consul, n'a ni l'activité, ni l'intelligence, ni l'intégrité |d'intention nécessaires pour remplir les devoirs qu'elle est censée remplir. Il n'est pas rare que des gens inoffensifs soient arrêtés et dépouillés de leur argent par ceux mêmes dont le devoir est de les protéger.

Quel état de civilisation; quels progrès accomplis! Ou plutôt, car la raillerie ne convient pas en de tels sujets, quelle incurie déplorable, quelle corruption et quel manque absolu de tout pouvoir social! Tandis que le Khédive dépensait ses ressources et son ardeur à la poursuite du but auquel il touche presque, l'Égypte politique et administrative restait dans l'enfance. C'est bien toujours ce peuple misérable de Fellahs qui a pour maître le bâton, et que l'on voit, au coin des rues, torréfier des pois chiches pour en faire, sa seule boisson, un simulacre de café.

*
* *

Pour comparer à quelle distance cette nation et ce gouvernement sont encore d'un Etat de civilisation qui puisse être comparé au nôtre, — car la véritable base du crédit pour les peuples est dans leur industrie et leur probité, — il suffit de rapprocher le budget de l'Égypte, dans ses principaux détails de celui d'une de nos puissances occidentales, à peu près égale en nombre, la Belgique, par exemple.

L'Égypte a, nous l'avons dit, 8 millions d'habitants; la Belgique n'en compte que 5,113,680.

En recettes, le budget belge est de 229,643,000 francs, et en dépenses, de 236,417,402 francs; rappelons les chiffres officiels du budget égyptien : recettes, 257,711,220 francs; dépenses, 229,206,640 francs.

Entre ces chiffres, il y a une analogie singulière; mais cette analogie ne dépasse pas la première apparence; elle se dissipe dès qu'on pénètre dans le détail.

Ici, en Belgique, la dette et les dotations représentent 62 millions; en Égypte, 138 millions, auxquels il convient de joindre les 30 millions d'intérêt de la dette flottante, soit ensemble 168 millions, en laissant hors de compte les 48 millions d'intérêt et d'amortissement à payer sur les biens personnels du Khédive.

L'instruction publique absorbe, en Belgique, 9,701,628 fr.; en Égypte, 1,347,320 francs.

Les travaux publics belges reçoivent dans ce pays, qui est le premier du monde pour la facilité et la rapidité des communications, 84,345,216 francs; l'Égypte ne leur donne, en y comprenant même la construction du chemin de fer de Tell el Baroud, que 26 millions.

La justice et les cultes ont, à eux seuls, en Belgique, une affectation de 14 millions. En Égypte, où nous avons vu l'état des mœurs et les conditions de la police, tout le gouvernement intérieur, governorats et police, ne reçoit pas plus de 10 millions. La justice est particulièrement dotée de 98,540 francs!

Ce n'est là que la vaine image d'un gouvernement, une sorte de cadre vide qui attend qu'on le remplisse. Il est manifeste que le jour où l'Égypte voudra vivre d'une existence normale, elle sera obligée de se procurer d'énormes ressources afin de pourvoir aux nécessités des services. Ce jour-là, comment parviendra-t-elle à accroître ses revenus?

Car c'est une chimère de songer à une augmentation des taxes actuelles. Depuis dix ans, et pour faire face aux échéances des emprunts dans l'intervalle de leur renouvellement, ces taxes ont été plus que doublées, comme nous l'avons vu, étant portées de 125 à 260 millions. Une opération désastreuse pour le Trésor, et qui a tous les caractères de l'empirisme, le Mokabala, condamne l'État à une réduction annuelle de l'impôt foncier. L'impôt personnel, ou Ferdé, est déjà acquitté par toutes les classes de la population jusqu'aux domestiques et aux manœuvres; il s'y joint, pour le paysan ou fellah, l'obligation personnelle de la corvée dans les domaines du prince. Les chrétiens et les juifs acquittent, d'autre part, l'Harache, ou impôt du sang, qui les exempte du service militaire. Toutes les combinaisons fiscales inventées par l'âpre génie de notre temps ont été essayées, pratiquées et poussées à outrance.

Se figurerait-on, par hasard, que la science économique tînt en réserve des secrets pour ceux, particuliers ou gouvernements, qui vont à l'aventure, se fiant à la fortune du soin d'acquitter leurs dépenses? Il n'y aurait pas d'erreur plus dangereuse et plus grossière. Ceux-là, quels qu'ils soient, se dirigent fatalement vers la ruine. L'économie politique ne connaît qu'un moyen certain de croissance des taxes; ce moyen, c'est l'accroissement corrélatif de la richesse publique par la production et le travail. Or, le commerce de l'Égypte, après s'être singulièrement développé sous l'influence de l'ouverture du canal de l'Isthme de Suez, reste, depuis trois ans, stationnaire.

Les résultats connus jusqu'à ce jour s'expriment par le tableau suivant :

	IMPORTATIONS	EXPORTATIONS
1863	92,586,000 fr.	121,479,000 fr.
1868	103,125,000	271,070,000
1870	126,350,000	192,738,770
1871	145,411,000	259,113,880
1872	153,322,000	345,580,200
1873	167,520,600	354,180,825
1874	166,665,358	345,924,265

Ainsi, depuis trois années, les transactions commerciales de l'Égypte n'ont fait aucun progrès. Ceux qui ont suivi, pendant cette période, les bilans du commerce de la France et de l'Angleterre reconnaîtront qu'une stagnation semblable n'a pas de causes dans l'état général des marchés du monde. Les raisons, en effet, en sont toutes locales : les importations en

Égypte ne se sont pas accrues parce que la misère empêche ce peuple d'augmenter ses consommations ; et, d'autre part, les exportations restent au même niveau , parce que le Khédive, qui est le plus grand producteur de son pays, ne trouve pas, même à l'aide de la corvée, le moyen d'agrandir ses domaines limités par les conditions du sol national. Il en résulte que les douanes qui forment, après l'impôt foncier et le Mokabala, la principale source du revenu public, — 16 millions 118,570 fr., — ne sont pas susceptibles d'un plus fort rendement.

L'*Economist* anglais, dans un article qui a fait sensation, a donné le dernier mot de l'administration financière de l'Égypte.

En dix ans, le Trésor a dépensé.....	2,814,050,000 fr.
Dans la même période il a reçu.....	1,778,850,000
Le déficit s'est donc élevé à........	1,035,200,000
Mais le Mokabala ayant produit......	205,800,000
Le déficit réel a été de.............	1,241,000,000

Soit, en chiffres ronds, 125 millions de francs par an.

A l'heure où nous sommes, rien n'est changé, ni dans cette situation, ni dans ces résultats.

Arrêtons ici cette étude déjà trop longue et résumons-la en quelques mots.

L'Egypte a dans ses souvenirs sa véritable grandeur, et elle s'est illustrée à notre époque parce qu'elle a servi de théâtre à l'accomplissement d'une des œuvres industrielles les plus grandes que l'homme ait accomplies, le percement de l'Isthme de Suez. Elle a à sa tête un prince hardi, généreux, d'une haute et profonde intelligence politique, mais que l'étendue de ses visées empêche de mesurer exactement les moyens d'exécution qu'il peut y appliquer sans péril. Il a été entouré des plus sages conseils, notamment par l'honorable M. Oppenheim ; et plût à Dieu que ces conseils eussent été suivis ! Malheureusement, il a été détourné de ces voies, plus modestes mais plus sûres, par quelques spéculateurs à qui la facilité de nos mœurs financières et la crédulité publique ont permis de disposer d'une part trop considérable de l'épargne française.

En attendant, le gouvernement égyptien est dans la situation la plus précaire. Les trois quarts des ressources sont indispensables au paiement des dettes, tandis que l'autre quart ne pourvoit que de la façon la plus insuffisante à toutes les nécessités de politique et d'administration. De là, l'implacable urgence d'emprunts continus consentis à des taux que la Turquie elle-même, malgré son fatalisme, a jugés intolérables, emprunts dont le service est tellement coûteux que les revenus publics ne pourraient, dans aucun pays, suivre ce flot montant. Et toute cette situation s'aggrave de l'impossibilité, pour le Khédive et son gouvernement, de donner aux recettes du trésor l'élasticité nécessaire, car tous les impôts ont atteint aujourd'hui leur extrême limite.

En présence d'un tel état de choses, auquel nous nous proposons de revenir dans un nouveau travail, non plus d'analyse, mais de discussion et de critique, nous retournons à nos lecteurs la question que nous nous sommes posée au début de cette étude :

Les inquiétudes qui se propagent dans le public, malgré tant d'efforts dans la presse pour les dissiper, n'ont-elles donc rien de fondé ? Peut-on, la main sur la conscience, avec l'impartialité d'un témoin convaincu, et la probité qui doit servir de contrôle aux actes d'un père de famille, venir dire : Oui, l'Égypte est solvable ?

Paris, 30 octobre 1875.

Paris. — Typ. Balitout, Questroy et Cᵉ, rue Baillif, 7.